Nouveau papillon

La nature et moi!
La métamorphose

Texte de Pamela Hickman
Illustrations de Heather Collins

Texte français de Jocelyne Henri

Les éditions Scholastic

Voici l'arbre

dans lequel Anne grimpe.

Un arbre abrite plusieurs
créatures.
Peux-tu trouver ces créatures
sous l'écorce?

fourmi charpentière

cloporte

perceur

larve de
perceur

scolyte

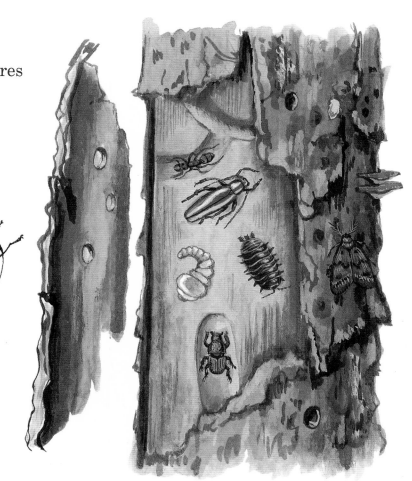

Voici la feuille

qui pousse dans l'arbre

dans lequel Anne grimpe.

Une feuille a des veines, comme toi.
Les lignes que tu vois transportent la
nourriture et l'eau dans la feuille.

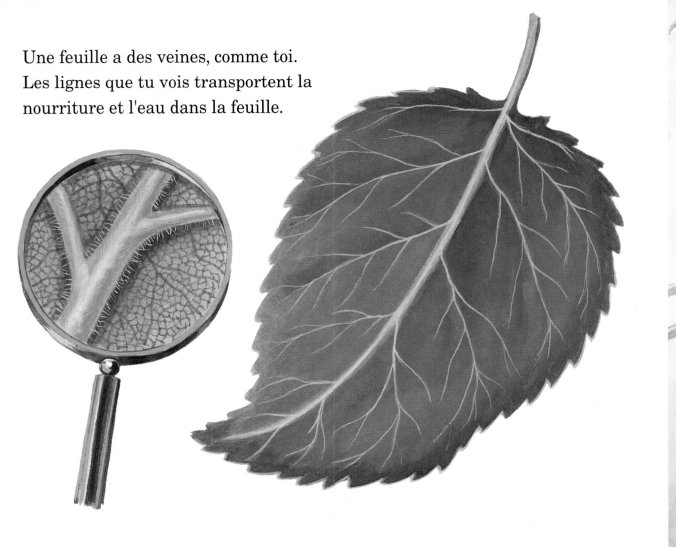

Voici le papillon

qui s'est posé sur la feuille,

qui pousse dans l'arbre

dans lequel Anne grimpe.

Tous les papillons ont quatre ailes.

Les ailes sont recouvertes de petites écailles de couleurs et de motifs différents.

piéride du chou

monarque

amiral rouge

polygone

piéride de la moutarde

porte-queue tigré

Voici l'oeuf

qui a été pondu par le papillon,

qui s'est posé sur la feuille,

qui pousse dans l'arbre

dans lequel Anne grimpe.

Jette un coup d'oeil dans l'oeuf.

Quand la petite chenille est prête,
elle perce un trou pour sortir.

Voici la chenille

qui est sortie de l'oeuf,

qui a été pondu par le papillon,

qui s'est posé sur la feuille,

qui pousse dans l'arbre

dans lequel Anne grimpe.

Une chenille mange tellement qu'elle doit changer plusieurs fois de peau en grandissant.

C'est la mue.

Avant la mue, une peau neuve plus grande se forme sous la vieille.

1 semaine

2 semaines

3 semaines

Voici la chrysalide

qui a été faite par la chenille,

qui est sortie de l'oeuf,

qui a été pondu par le papillon,

qui s'est posé sur la feuille,

qui pousse dans l'arbre

dans lequel Anne grimpe.

Le corps de la chenille se transforme complètement à l'intérieur de la chrysalide.

Durant cette période, elle ne mange pas et ne se déplace pas.

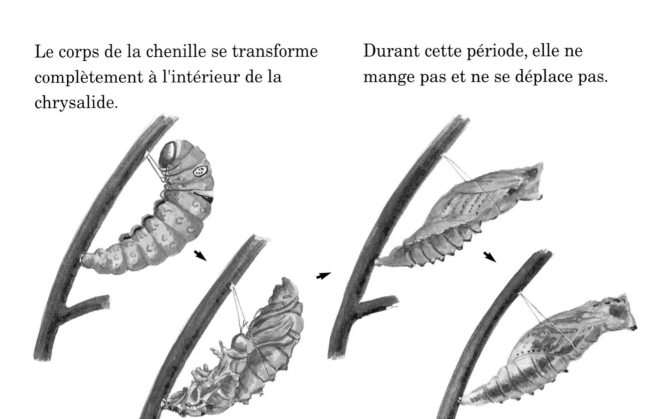

Voici le nouveau papillon

qui est sorti de la chrysalide

qui a été faite par la chenille,

qui est sortie de l'oeuf,

qui a été pondu par le papillon,

qui s'est posé sur la feuille,

qui pousse dans l'arbre

dans lequel Anne grimpe.

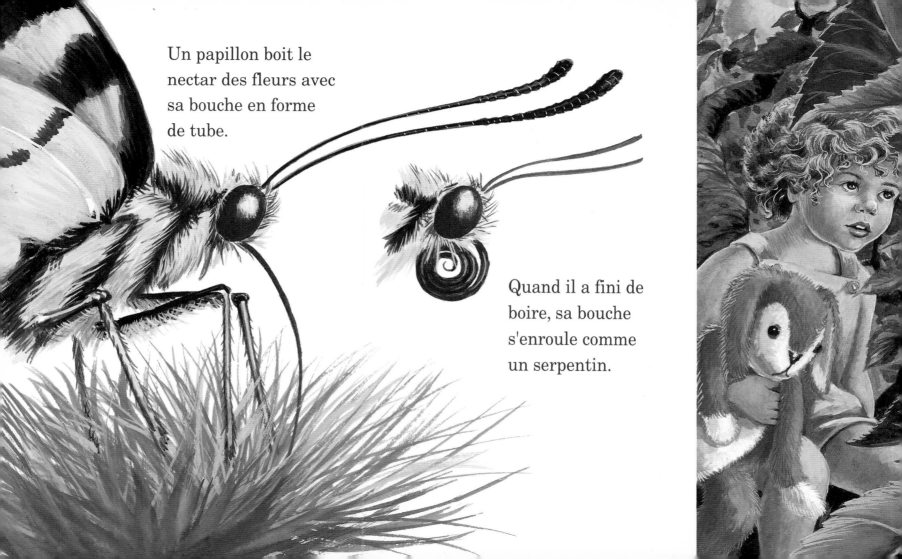

Un papillon boit le
nectar des fleurs avec
sa bouche en forme
de tube.

Quand il a fini de
boire, sa bouche
s'enroule comme
un serpentin.

Qu'il est beau!